나는 내가 참 예뻐

스콜라 scola_가치 있는 책을 만드는 아름다운 책 학교
(주)위즈덤하우스의 아동·청소년 브랜드입니다.

글 박혜숙

서울에서 태어나 대학에서 국문학을, 단국대학교 문예창작대학원에서 아동 문학을 공부했습니다. 샘터 동화상, 아동문예 문학상을 받았으며, 2002년 3월부터 2년간 〈어린이동아〉에 '박혜숙 선생님과 함께하는 글쓰기 교실'을 연재했습니다. 현재, 동화와 아동 문학 평론을 쓰고 있습니다.
지은 책으로는 《배꼽 빠지게 웃기고 재미난 똥 이야기》, 《깜빡 깜빡 깜빡이 공주》, 《거짓말은 왜 할까요?》 등이 있습니다.

그림 윤희동

재미있는 놀이를 찾던 중 애니메이션의 세계에 흠뻑 빠지게 되었습니다. 이후 한국 일러스트레이션학교(Hills)에서 그림책 공부를 했고, 현재는 학생들에게 애니메이션을 가르치며 움직이는 그림과 정지된 그림 사이에서 신 나게 작업하고 있습니다.
그린 책으로는 《왜 나만 따라 해!》, 《어린이를 위한 글로벌 마인드》, 《모양순 할매 쫓아내기》, 《크리스마스 전에 꼭 말해야 해》, 《거짓말은 무거워!》, 《오줌 지도》, 《스마트폰이 사라졌어요》 등이 있습니다.

좋은습관 길러주는 생활동화 19

자신을. 사랑하는. 방법을. 알려주는. 책

나는 내가 참 예뻐

글 박혜숙 | 그림 윤희동

스콜라

작가의 말

🌸 겉모습보다는
자신만의 **아름다움**을 찾아요!

　사실 저는 거울을 잘 보지 않아요. 눈은 작고, 코는 낮고, 입술은 두껍고……. 거울을 보면 마음에 들지 않는 곳만 크게 보이거든요. 새로운 친구나 낯선 사람을 만날 때면 솔직히 겁도 좀 나요. '뚱뚱하다고 흉보면 어쩌지, 못생겼다고 날 싫어하면 어쩌지…….'라는 생각이 먼저 들거든요. 어깨를 잔뜩 움츠리고, 고개를 똑바로 들지 못할 때도 잦아요. 친하게 지내고 싶은 사람이 있어도, 먼저 다가가서 손을 내밀지도 못하고요. 그래서 가끔 무뚝뚝하고 건방지다고 오해를 받기도 했어요.

　어느 날, 아는 선생님이 "예쁘다!"라고 말했을 때, 전 깜짝 놀랐어요. 사십 년 넘어서 처음 들어보는 말이었거든요. 단 한 번도 예쁘다는 생각을 해 보지 않았거든요. 선생님이 놀리는 것 같아서 기분이 썩 좋지 않았어요. 집에 와서도 왜 선생님이 그런 말을 했을까 생각하고 또 생각했지요. 그런데 생각해 보니까, 사람들이 내 앞에서 "넌 정말 못생겼어!"라고 말한 적은 별로 없었어요. 언제부터인지 모르지만, 그냥 스스로 못생겼다는 생각에 빠져 있었던 것뿐이었어요.

　이 책의 주인공 장미도 그래요. 얼굴이 통통하고 눈이 작고 쌍꺼풀이 없긴 하지만, 장미는 자신이 못생겼다는 생각을 한 번도 하지 않던 아이였어요. 하지만 친구들이 별생각 없이 한 못생겼다는 이야기에 상처를 받아요. 그러다 보니 겉모습에 신경을 쓰게 되고, 자신의 모습을 있는 그대로 사랑하지 못하고, 부끄러워하게 돼요. 자신감도 점점 잃어가고요.

　예쁜 얼굴, 멋진 몸매가 최고라고 생각하나요? 못생겼다고 슬퍼하거나 부끄러워한 적이 있나요? 그렇다면 장미를 만나 보세요. 예쁜 겉모습이 전부가 아니라는 것을 깨닫고 자신이 할 수 있는 것을 찾아 나가는 장미처럼, 우리 친구들도 겉모습에 휘둘리지 말고 자신만의 아름다움을 찾아서 가꾸어 나갔으면 좋겠어요. 이 세상에 하나밖에 없는 나만의 매력과 장점을 찾아내는 일! 그것이 바로 자신을 진짜 사랑하는 멋진 길이니까요.

박혜숙

차례

작가의 말   겉모습보다는 자신만의 아름다움을 찾아요!   4

예쁜 게 최고라고? ------------ 8

공주와 시녀 ------------------ 18

예뻐질 수만 있다면! --------- 29

비밀 털어놓기 게임 --------- 43

내 얼굴에서 빛이 난다고? ---- 52

예쁘지 않아도 괜찮아! ------ 63

| 부록 | 장미와 함께 '예쁜 나'의 모습 찾기 | 72 |

나는 겉모습에 얼마나 신경 쓸까?
외모 콤플렉스에서 벗어나는 주문
예쁜 나를 칭찬합니다!

예쁜 게 최고라고?

"이걸 붙이면 정말 쌍꺼풀이 생겨?"

"그럼. 우리 언니가 나한테만 알려 준 거야. 봐, 쌍꺼풀이 생겼지?"

"와, 진짜네. 나도 할래."

"나도!"

여자아이들이 옹기종기 모여서 웅성거리고 있었어요. 영경이가 장미를 불렀어요.

"장미야, 이리 와서 너도 해 봐!"

"됐어. 난 괜찮아."

장미는 쌍꺼풀을 만들겠다고 눈에 테이프까지 붙이는 친구들이 유난스러워 보였어요. 자기가 먹은 우유갑도 치우지 않고 수다만 떠는 것도 못마땅했어요. 그래서 책상 위에 놓여 있는 우유갑들을 들고 상자가 있는 쪽으로 걸어갔지요. 그때, 반대편에서 달려오던 재호가 장미를 툭 치고 지나갔어요. 들고 있던 우유갑이 바닥에 떨어져서, 우유가 이리저리 튀었어요. 재호가 짜증을 부렸어요.

"야, 우유 튀었잖아."

"미안해. 일부러 그런 건 아니야."

재호는 휴지로 바지를 닦으면서 계속 구시렁거렸어요.

"아유, 바닥에 흘린 우유나 닦아."

장미는 얼른 대걸레를 가져다가 바닥을 깨끗이 닦았어요. 대걸레를 들고 화장실로 걸어가는데, 영경이가 다가왔어요. 영경이가 장미 앞으로 얼굴을 바짝 들이대며 말했어요.

"예쁘지? 진짜 쌍꺼풀이 생겼어."

장미는 아무 말도 하지 않고 그냥 지나쳤어요. 재호와 실랑이를 벌일 때는 아는 척도 하지 않다가, 쌍꺼풀 자랑을 하는 영경이가 얄미웠거든요. 장미는 화장실 안에 들어가 문을 잠그고, 조그맣게 노래를 부르기 시작했어요. 속상하거나 화가 날 때면 화장실에 틀어박혀서 노래를 부르거든요. 노래를 다 부르고 나자, 마음이 조금 편해졌어요. 그제야 영경이 말에 대답하지 않았던 일이 생각났어요.

'영경이가 속상했을 거야. 미안하다고 해야겠어.'

장미가 화장실에서 나오려고 할 때였어요. 밖에서 영경이와

예지의 목소리가 들렸어요.
장미는 다시 화장실 안으로 쏙 들어갔어요.
"예지야, 고마워! 쌍꺼풀이 생기니까 진짜 예뻐진 것 같아."
"예뻐지려면 노력을 해야 한다니까. 그런데 장미 좀 이상하지 않니? 당번도 아닌데 자기가 왜 우유갑을 정리해?"
"착하게 보이고 싶나 보지."
영경이가 말했어요.
"하긴 못생겼으니까 착한 걸로라도 점수를 따야지. 안 그래?"
예지 말에 영경이가 쿡쿡 웃었어요. 장미는 깜짝 놀랐어요. 얼굴이 통통하고 눈이 작고 쌍꺼풀이 없긴 하지만, 지금까지 못생겼다고는 한 번도 생각해 보지 않았거든요. 게다가 영경이가 예지와 함께 자기 흉을 볼 줄은 몰랐어요. 영경이에게 미안했던 마음이 싹 사라졌어요.

집에 오는 길이에요. 장미가 아무 말도 하지 않자, 유미가 물었어요.
"왜 그래? 무슨 일 있었어?"
"너도 내가 우유갑 정리하는 게 이상해 보여?"
"아니. 왜?"
"애들이 싫어하는 것 같아서."
"애들이 왜 싫어해? 귀찮은 일 대신 해 주니까 좋지."
"그렇지? 먹은 우유갑을 치우지 않은 게 잘못이지? 근데, 왜 교실에서 쌍꺼풀 테이프 같은 걸 붙이나 몰라."
"예뻐지려고 그러는 거잖아. 우리 엄마가 그러는데 여자는 얼굴이 예뻐야 한대!"

옆에 있던 재호가 슬그머니 끼어들었어요.
"맞아, 예쁜 게 최고야!"
"말도 안 돼! 얼굴만 예쁘면 뭐해? 성격이 좋아야지."
장미가 발끈하자, 재호가 말했어요.
"쯧쯧, 남자애들은 예쁜 여자를 좋아해. 그러니까 장미 너도 예뻐지려고 노력 좀 하셔."
"내가 뭐 어때서?"

저녁을 먹는데, 장미는 유미와 재호가 한 말이 자꾸 생각났어요.
'예쁘면 다라고? 정말 그럴까? 민우도 예쁜 애를 좋아할까?'
민우는 장미네 반 남자 반장이에요. 공부도 잘하고 얼굴도 잘생겨서 여자아이들에게 인기가 많아요. 장미도 민우와 친해지고 싶지만, 아직 말도 꺼내지 못했어요. 민우 앞에만 가면 가슴이 콩닥콩닥 뛰고, 입이 바짝바짝 마르거든요. 친하게 지내자고 말했다가, 민우가 싫다고 할까 봐 걱정도 되고요.

'예지 말처럼 내가 정말 못생겼나? 그럼 민우랑은 영영 친해질 수 없는 걸까?'

생각만 해도 가슴이 답답했어요.

"장미야, 이것 좀 먹어 봐. 네가 좋아하는 떡갈비야."

엄마가 떡갈비 조각을 하나 집어서 장미 숟가락에 올려주었어요. 그렇게 좋아하던 떡갈비가 오늘은 조금도 맛있어 보이지 않았어요.

"엄마, 내가 정말 그렇게 못생겼어?"

"네 얼굴이 어때서? 코도 예쁘고, 눈도 예쁘고, 다 예쁘기만 한데!"

엄마가 아빠를 보며 얼른 눈을 찡긋했어요. 그러자, 아빠도 말했어요.

"그럼. 우리 딸이 얼마나 예쁜데!"

"아니야, 유미 누나가 더 예뻐."

그때, 유치원에 다니는 동생이 불쑥 끼어들었어요. 엄마가 얼른 동생 입에 떡갈비를 넣어 주었어요.

"엄마, 아빠는 우리 장미가 세상에서 가장 예뻐!"

엄마와 아빠가 웃었어요. 하지만 장미는 웃음이 나오지 않았어요. '고슴도치도 제 자식은 예쁘다.'라는 말이 갑자기 떠올랐거든요.

공주와 시녀

토요일 아침, 장미는 일어나자마자 옷장 문부터 활짝 열었어요. 예뻐지려면 옷을 잘 입어야 할 것 같았어요.

'예뻐지려면 노력을 해야 한다고? 좋아, 나도 이제부터 예뻐질 거야.'

장미는 옷들을 침대 위에 꺼내 놓았어요. 눈을 크게 뜨고 하나하나 살펴보았지요.

'어휴, 이건 별로야. 요것도.'

마음에 드는 옷이 없었어요. 하늘색 줄무늬 셔츠도, 앵두가

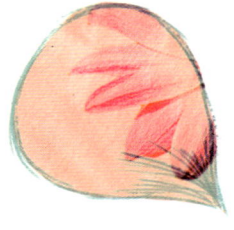

그려진 블라우스도 모두 1학년 때부터 입던 거였어요. 파란색 반바지는 허리가 너무 끼었어요. 장미는 청소하는 엄마에게 가서 매달렸어요.

"엄마, 나 옷 좀 사 줘."

"왜 갑자기 옷 타령이야?"

"엄마는 딸이 형편없게 하고 다니면 좋아?"

"우리 딸이 왜 형편없어? 이렇게 근사한대."

"엄마, 사 줘. 숙제도 잘하고, 일기도 꼬박꼬박 쓸게."

"아이고, 됐네요."

장미가 삐쳐서 돌아서자, 엄마가 말했어요.

"청소 끝나면 같이 시장에 가자. 대신 블라우스랑 치마 하나씩만 사 줄 거야. 더 조르면 안 돼!"

"고마워, 엄마!"

월요일 아침, 엄마가 깨우지 않았는데도 장미는 눈이 번쩍 떠졌어요. 장미는 엊그제 산 하얀 블라우스와 분홍색 치마를

꺼내 입었어요. 살금살금 안방으로 가서, 엄마 화장품도 조금 발랐어요. 그런 다음 화장대 거울에 모습을 비춰 보았지요.

'히히, 새 옷을 입으니까 딴사람이 된 것 같아.'

장미는 신이 나서 학교로 갔어요. 자꾸 피식피식 웃음이 새어 나왔어요. 민우가 올 것만 같아서 뒤도 몇 번이나 돌아보았어요.

'민우도 날 보면, 깜짝 놀랄 거야.'

그때 유미가 달려왔어요. 유미도 새 옷을 입고 있었어요. 바다색 블라우스와 분홍색 꽃무늬가 그려진 치마를 입은 유미는 정말 예뻤어요.

"어때? 어제 엄마랑 백화점에 가서 샀어."

유미가 공주처럼 제자리에서 팽그르르 한 바퀴 돌았어요. 그러자 치마가 우산처럼 펼쳐졌어요.

"예쁘다!"

장미는 입을 떡 벌리고 유미를 바라보았어요.

"너도! 새 옷이구나?"

장미는 얼른 자기 옷을 내려다보았어요. 조금 전까지만 해도 멋지다고 생각했는데, 유미 옆에 서니까 옷도 자신도 너무 초라해 보였어요. 속이 상한 장미는 성큼성큼 앞으로 걸어갔어요.

"장미야, 같이 가!"

눈치 없는 유미가 달려와서 팔짱을 꼈어요. 장미는 할 수 없이 유미와 나란히 걸어갔어요. 그때 장난꾸러기 재호가 쫓아왔어요. 장미와 유미 옷을 번갈아 보더니 말했어요.

"옷이 그게 뭐니? 공주와 시녀 같네."

유미는 얼굴이 하얗고 눈도 크고 코도 오뚝해요. 보조개가 들어가서 웃을 때면 더 예뻐요. 남자아이들이 좋아하지요. 그래서 유미와 같이 다니면 아이들이 '공주와 시녀'라며 놀려요. 하지만 장미는 별로 기분이 나쁘지 않았어요. 장난으로 그런다는 걸 알고 있었거든요. 그런데 오늘은 기분이 나빴어요. 정말 시녀가 된 것 같았어요. 화가 난 장미가 재호를 쫓아갔어요.

"도망가자, 시녀가 쫓아온다!"

재호가 소리치자, 옆에 있던 남자아이들도 우르르 도망갔어요. 장미는 씩씩거리면서 계속 쫓아갔어요. 뛰어가던 재호가 갑자기 멈춰 서서 장미를 보며 말했어요.

"왜 자꾸 쫓아와? 내가 뭘 잘못했는데?"

"시녀라고 놀렸잖아. 왜 자꾸 나만 놀리는데?"

재호가 실실 웃으면서 말했어요.

"내 맘이다, 왜?"

재호는 손까지 흔들면서 먼저 교실로 들어갔어요. 장미도 씩씩거리면서 따라갔어요. 조금 있자, 유미가 민우와 함께 웃으면서 들어왔어요. 장미는 유미가 자리에 앉자, 얼른 유미 곁으로 갔어요.

"민우랑 무슨 얘기 했어?"

"별 얘기 안 했어. 선생님 오신다, 얼른 가서 앉아."

유미가 말을 얼버무렸어요.

'이상하다, 내가 분명히 봤는데……. 혹시 유미가 민우를 좋아하는 걸까? 그럼 어떡하지?'

종례 시간, 선생님은 쪽지가 담긴 통을 탁자 위에 올려놓았어요. 장미 가슴이 콩닥콩닥 뛰었어요. 오늘이 바로 짝을 바꾸는 날이거든요. 장미네 반에서는 한 달에 한 번씩 꼭 짝을 바꿔요. 바보 온달과 평강 공주, 견우와 직녀, 제우스와 헤라, 미녀와 야수, 엄지 공주와 두꺼비……. 쪽지에는 동화책이나 만화 영화에서 봤던 신이나 동물, 사람들 이름이 적혀 있어요. 서로 짝이 되는 이름을 뽑은 아이들끼리 짝이 되는 거예요. 그러고 보니, 오늘 유미가 왜 새 옷을 입고 왔는지 알 것 같았어요.

'새 짝에게 잘 보이고 싶었구나. 짝이 되고 싶은 아이라도 있

나? 난 있는데…….'

 장미는 유미를 힐끗 보았어요. 유미 볼이 발그레했어요. 장미는 옆 분단에 앉은 민우도 보았어요. 민우는 장미와 눈이 마주치자, 고개를 살짝 돌렸어요.

"자, 차례차례 나와서 쪽지를 뽑으세요!"

 선생님 말이 끝나자, 아이들이 앞으로 나가서 쪽지를 뽑았어요. 민우 차례가 되었어요. 민우가 통에 손을 집어넣자, 장미 가슴이 마구 두근거렸어요.

'민우는 누굴 뽑을까? 민우랑 짝이 되면 정말 좋겠다.'

 다음 분단 아이들이 앞으로 나갔어요. 장미도 앞으로

나갔어요. 차례가 다가올수록 자꾸 입이 말랐어요. 손에서 땀도 났어요. 차례가 되자, 장미는 길게 심호흡을 했어요. 그런 다음 눈을 감고 쪽지를 하나 뽑았어요. 자리로 돌아와서, 조심스럽게 쪽지를 펼쳐 보았지요. 쪽지에는 '엄지 공주'라고 적혀 있었어요. 장미는 떨리는 마음으로 짝이 정해지기만을 기다렸어요.

드디어 장미 차례가 되었어요. 선생님이 '엄지 공주'라고 부르자, 장미가 먼저 손을 번쩍 들었어요. 그러자 재호도 손을 번쩍 들었어요.

"저예요, 두꺼비!"

재호가 장미를 보고 히죽 웃었어요. 장미는 왈칵 눈물이 쏟아질 것만 같았어요. 민우와

짝이 안 된 것도 속상한데, 재호와 짝이 되다니! 한 달 동안이나 장난꾸러기 재호 옆에 앉을 생각을 하니까 화가 났어요.

종례가 끝나고 선생님이 교실을 나가자, 장미는 얼른 선생님을 따라갔어요.

"짝꿍을 바꾸고 싶어요."

선생님이 장미의 손을 꼭 잡았어요.

"장미야! 선생님이 짝을 자주 바꾸는 건, 많은 친구와 친해질 기회를 주고 싶어서야. 재호가 장난이 심하긴 하지만, 나쁜 아이는 아니야. 선생님은 장미랑 재호가 좋은 친구가 될 것 같은데……."

"선생님, 재호는 저 싫어해요. 자꾸 놀린단 말이에요. 그러니까 이번 한 번만 바꿔 주세요, 네?"

선생님은 고개를 저었어요. 장미는 터덜터덜 교무실을 나왔어요. 생각할수록 속이 답답했어요.

'민우랑 유미가 짝이 되었는데, 이제 어쩌지? 민우가 유미를 좋아하기라도 하면 어쩌지?'

예뻐질 수만 있다면!

유미는 민우와 짝이 된 다음부터 바빠졌어요. 도서관에 책을 빌리러 갈 때도, 집에 갈 때도, 민우와 함께 갈 때가 많았어요. 장미는 민우가 유미와 점점 더 친해질까 봐 겁이 났어요. 용기를 내서 민우에게 마음을 털어놓기로 마음먹었어요. 민우가 혼자 있을 때만을 기다렸지요. 유미가 선생님 심부름을 간 사이, 장미는 민우에게 다가갔어요. 하지만 민우가 가방을 챙길 동안, 장미는 꿀 먹은 벙어리처럼 서 있기만 했어요.

"왜? 나한테 할 말 있어?"

"아, 아니야……."

장미는 도망치듯 아무 말도 못 하고 자리로 돌아왔어요. 장미는 생각할수록 용기 없는 자신이 미웠어요.

'말도 못 하는 바보, 새가슴, 멍청이……. 어떻게 아무 말도 못 하느냐고!'

여기저기에서 아이들이 수군거리는 소리가 들리는 것 같았어요.

'남자애들은 예쁜 여자애를 좋아한다니까!'

'쯧쯧, 꿈도 야무지다. 어떻게 민우랑 친하길 바라니? 넌 못생겨서 안 돼!'

장미는 두 손으로 귀를 꽉 막았어요. 그리곤 결심했어요.

'두고 봐! 나도 예뻐질 거야. 그래서 민우랑 꼭 친해질 거야!'

장미는 집에 오자마자, 거울부터 들여다보았어요. 보면 볼수록 눈이 너무 작아 보였어요.

'눈이 커야 예뻐 보인다는데 어쩌지? 아이들처럼 쌍꺼풀 테

이프를 붙여 볼까? 아니야, 그것만으로는 안 돼.'

장미는 거실로 나갔어요. 신문을 보고 있는 아빠 뒤로 가서 어깨를 주물렀지요.

"아, 시원하다!"

아빠가 활짝 웃었어요.

"아빠, 내가 안마 쿠폰 10개, 아니 100개 줄게. 내 부탁 하나만 들어주면 안 돼?"

"허허, 무슨 부탁인데?"

"아빠, 내 눈 좀 봐. 정말 작지? 내 눈 좀 크게 해 줘, 응?"

"그게 무슨 소리야?"

"눈만 조금 더 크면 정말 예쁠 것 같단 말이야."

"그래서 수술을 하겠다고? 벌써 성형할 생각이나 하고 잘한다! 그럴 시간 있으면 공부나 해!"

엄마가 야단을 쳤어요.

"장미야, 왜 그런 쓸데없는 생각을 해. 넌 지금 그대로도 아주 예뻐."

아빠도 말렸어요.

'치, 아무것도 모르면서. 애들이 자꾸 못생겼다고 놀린단 말이야.'

장미는 엄마와 아빠가 마음을 몰라줘서 속상했어요. 그래서 방으로 쏙 들어왔어요.

'좋아, 이제부터 나 혼자 해 볼 거야! 나 혼자서도 예뻐질 수 있어!'

장미는 컴퓨터를 켜고 인터넷 검색창에 '얼굴 예뻐지는 법'이라고 쳤어요. 그러자, 관련 글들이 주르르 떴어요. 장미는 하나하나 꼼꼼히 읽었어요. 도움이 될 만한 것들은 수첩에 적었어요. 해 보고 싶은 것에는 O 표를 하고, 그렇지 않은 것에는 X 표를 했어요.

눈을 계속 부릅뜨고 있으면 눈이 커진다는 글 밑에 장미는 밑줄을 쫙 그었어요.

"바로 이거야! 이것부터 해 보자!"

★ 얼굴이 예뻐지려면 어떻게 해야 할까요?

- 눈이 작아서 고민이라면 짠 음식, 딱딱한 음식을 먹지 마세요!
  O, 원래 싫어함.

- 얼굴이 커서 고민이라면, 설탕이 들어간 음식을 먹지 마세요!
  X, 단것을 좋아해서 자신 없음.

- 머리 모양을 예쁘게 하고, 옷을 예쁘게 입으면 예뻐 보여요.
  X, 새 옷을 입었지만 성공하지 못함. 효과 없음.

- 눈을 계속 부릅뜨고 있으면 눈이 커 보여요!
  O, 정말 그럴까?

- 시간 날 때마다 눈동자를 위, 아래, 오른쪽, 왼쪽으로 돌리면 눈이 커져요.
  O, 자신 있음!

- 쌀뜨물이나 우유로 세수하면 얼굴이 하얘져요.
  O, 우유는 늘 집에 있음!

- 오이를 얼굴에 붙이면 피부가 고와져요.
  O, 도전해 보겠어!

바로 다음 날부터, 장미는 일어나자마자 눈부터 크게 떴어요. 옷을 입을 때도, 양치질할 때도, 눈을 크게 떴어요. 학교에서 돌아온 뒤에도 계속 눈을 크게 떴어요. 저녁이 되자, 눈 주위가 파르르 떨렸어요. 눈도 자꾸 감겼어요. 하지만 장미는 이를 악물고, 눈에 힘을 꽉 주었어요.

'예뻐지려면 참아야 해!'

그때 동생이 벌컥 문을 열고 들어왔어요. 눈을 본 동생이 소리쳤어요.

"누나! 무서워!"

장미는 얼른 눈을 똑바로 떴어요.

"장수야, 봐! 누나 괜찮아."

동생이 장미 눈을 빤히 바라봤어요.

"아니야. 눈이 빨개."

장미는 얼른 거울을 봤어요. 눈이 정말 토끼 눈이 되어 있었어요.

'후유, 다른 방법을 찾아야겠어.'

그다음 날은 눈 운동을 시작했어요. 일어나자마자 눈동자를 위, 아래, 오른쪽, 왼쪽으로 열심히 돌렸어요. 학교에서 돌아온 뒤에도 방문을 걸어 잠그고 눈동자를 돌렸어요. 화장실에 가서도 쉬지 않고 눈동자를 돌렸어요. 저녁에 세수하려고 거울을 보았더니, 눈이 조금 커진 것 같았어요.

'됐어! 조금만 더 열심히 하면 유미 눈처럼 예뻐지겠어.'

장미는 더 열심히 눈을 돌렸어요. 그때 화장실에 들어오던 동생이 그 모습을 봤어요. 눈이 커진다는 말에 동생도 장미를 따라 눈을 돌리기 시작했어요. 한 번, 두 번…… 열 번……. 눈을 돌리던 동생이 소리를 질렀어요.

"어지러워! 바닥이 빙글빙글 돌아."

장미는 얼른 동생을 안고 거실로 나왔어요. 동생이 엄마에게 쪼르르 달려가서 일렀어요.

"장미, 너! 한 번만 더 이상한 짓 하다가 들키면 혼날 줄 알아!"

엄마가 화를 냈어요.

"내가 뭘! 내가 눈 운동시킨 거 아냐, 장수가 따라 한 거야."

장미도 화가 나서 방으로 쏙 들어왔어요.

'치, 눈 운동을 못 하게 하면, 다른 걸 하면 되지. 예뻐질 수만 있다면, 무슨 일이든 할 거야!'

밤이 되자, 장미는 살금살금 부엌으로 가서 우유를 꺼내왔어요. 세면대에 우유를 붓고 얼굴을 씻었어요. 얼굴이 하얘지고, 피부가 보들보들해진 것 같았어요.

'많이 하면 더 예뻐지겠지?'

장미는 우유 세수를 세 번이나 더 했어요. 그러다 냉장고에 있는 우유를 모두 써 버렸어요.

아침에 냉장고 문을 연 동생이 앙하고 울음을 터뜨렸어요.

"엄마, 내 우유가 없어졌어!"

"이상하네, 어제 분명히 사다 두었는데."

엄마가 장미를 째려봤어요.

"장미, 너야?"

"밤에 배가 고파서……."

"그렇다고 동생 것까지 먹으면 어떻게 해!"

엄마가 또 야단을 쳤어요. 장미는 밥도 다 먹지 못하고 일어섰어요. 학교에 가는데, 배에서 자꾸 꼬르륵 소리가 났어요. 식탁 위에 놓여 있던 도톰한 계란말이도 떠올랐어요.

'이게 뭐야? 밥도 못 먹고. 아, 배고파. 예뻐지는 게 왜 이렇게 힘들지?'

그렇다고 여기서 포기할 수는 없었어요. 그날 밤, 장미는 냉장고에서 오이를 꺼내 왔어요. 오이를 얇게 썰어 얼굴에 올려놓았어요. 그러자, 얼굴이 바로 시원해졌어요.

'아, 기분 좋다! 피부가 좋아지고 얼굴이 예뻐지는 소리가 솔

솔 들리는 것 같아.'

눈이 스르르 감기며, 장미는 그대로 잠이 들었어요.

다음 날 아침, 눈을 뜬 장미는 깜짝 놀랐어요. 파랗고 동그스름하고 시들시들한 것들이 여기저기 흩어져 있었거든요.

"악, 엄마! 엄마!"

장미는 후다닥 거실로 뛰어나갔어요. 엄마가 장미 얼굴을 보고 물었어요.

"얼굴이 왜 그래?"

장미는 얼른 손으로 얼굴을 만져봤어요. 작은 조각이 하나 잡혔어요. 그제야 어제 오이를 붙이고 잠들었던 게 생각났어요.

"아무것도 아니야, 엄마. 세수부터 할게."

장미는 슬금슬금 방 쪽으로 걸어갔어요.

"세수부터 한다면서? 욕실은 이쪽이야."

엄마가 우왕좌왕하는 장미를 이상하다는 듯이 바라봤어요.

"옷, 옷부터 입으려고."

얼른 방으로 들어온 장미는 침대를 내려다보았어요. 여기저기 흩어진 오이 조각이 꿈틀꿈틀 기어가는 배추벌레처럼 보였어요. 장미는 얼굴을 찡그리며 조각들을 모두 주웠어요.
'후, 예뻐지기 참 어렵네! 하지만 이 정도는 얼마든지 참을 수 있어.'

비밀 털어놓기 게임

열흘이 지났어요. 장미는 그동안 정말 열심히 노력했어요. 우유로 세수도 하고, 눈 운동도 계속했어요. 이틀에 한 번씩 오이도 붙였지요. 하지만 아무리 거울을 보고 또 봐도, 예뻐진 것 같지 않았어요.

"엄마, 나 어디 달라진 곳 없어?"

"왜? 어디 아파?"

엄마가 걱정스러운 눈으로 장미를 바라보았어요.

"후, 아니야!"

장미는 서재에서 책을 읽는 아빠에게 다가갔어요.

"아빠, 내 얼굴 좀 봐!"

"왜? 또 눈 수술시켜 달라고? 그건 절대 안 돼!"

"아니거든."

장미는 터덜터덜 거실로 나왔어요. 그러다 그만 블록에 걸려서 넘어지고 말았어요. 동생이 거실에 블록을 잔뜩 늘어놓고 로봇을 만들고 있었거든요.

"장수, 너 이거 빨리 안 치워!"

"누나 나빠! 누나 미워!"

동생이 소리쳤어요.

"그래, 나 나빠, 나 못됐어, 나 못생겼어! 그게 어때서?"

장미는 방으로 쏙 들어

가서 거울을 봤어요. 짜증을 내서 그런지 얼굴도 미워 보였어요.

'후유, 예뻐지고 싶다고 생각한 뒤부터 왜 이렇게 자꾸 화가 나지?'

장미는 요즘 들어 학교에서도 화를 내는 일이 부쩍 많아졌어요. 영경이와 예지가 웃으면서 지나가면 꼭 자기 흉을 보는 것 같아서 화가 났어요. 재호와 남자아이들을 만나면 못생겼다고 놀릴까 봐 인상부터 썼어요. 민우를 보면 좋아하는 것을 들킬까 봐, 아는 척도 하지 않았어요. 그러고 나면 나쁜 아이가 된 것 같아서 속상했어요. 화장실에 들어가 노래를 하는 시간이 많아졌지요.

장미는 전처럼 유미와 친하게 지내고 싶었어요. 유미와 참새처럼 조잘대고 깔깔거리며 웃다 보면, 속상한 일을 다 잊어버리거든요. 그런데 예뻐지겠다고 마음먹은 다음부터 유미와도 멀어졌어요. 착한 게 제일이라고 말해 놓고, 예뻐지기 위해 안

비밀 털어놓기 게임 45

달복달하는 하는 게 부끄러워서 유미를 전처럼 편하게 대할 수가 없었어요. 민우와 짝이 된 유미가 부럽기도 하고, 샘도 나고, 유미가 민우만 좋아하는 것 같아서 화도 났어요.

그때, 유미에게 전화가 왔어요.

"장미야, 오늘 우리 집에서 잘래?"

"좋아!"

장미는 오랜만에 유미 집으로 갔어요. 과자를 먹으며 만화 영화도 보고, 같이 그림도 그렸어요. 잠옷으로 갈아입고 나자, 유미가 말했어요.

"우리 비밀 털어놓기 게임 할래? 아무에게도 얘기하지 못하고 꼭꼭 감춰 둔 마음속 비밀을 서로 말하는 거야."

"너도 그런 게 있어?"

"얘도 참. 비밀 없는 사람이 어디 있니?"

유미가 웃었어요.

"대신 이 게임은 규칙이 있어. 자기가 들은 비밀은 절대 말하면 안 돼."

"당연하지!"

유미와 장미는 손가락을 걸었어요. 유미가 먼저 말했어요.

"비밀 하나! 난 내 동생이 정말 싫어. 날 따라다니고 귀찮게 하거든."

"나도! 내 동생은 고자질쟁이야. 말도 진짜 얄밉게 해. 장수 때문에 나만 혼난다니까."

"동생들은 다 왜 그럴까?"

"그러게."

유미와 장미는 동생 흉을 보며 웃었어요. 한바탕 웃고 나니까 마음이 좀 후련해지는 것 같았어요. 장미도 이야기를 꺼냈어요.

"나도 비밀 하나! 지난번 수학 시험지를 엄마에게 안 보여 주고 그냥 찢어 버렸어. 60점이라서 혼날까 봐."

"나도 그러고 싶을 때 많아. 우리 엄마는 한 문제 틀릴 때마다 한 대씩 때리거든."

"어휴, 너도 참 힘들겠다."

장미가 쯧쯧 혀를 찼어요.

"비밀 또 하나! 거짓말 일기를 썼어. 길에서 천 원을 주웠는데, 주인 찾아 줬다고 했어."

유미는 주운 돈으로 아이스크림을 사 먹었다고 했어요. 그런데 그날 밤에 배가 아파서 혼났대요. 유미는 그다음부터는 절대로 거짓말 일기를 쓰지 않았대요.

장미는 화가 나거나 속상할 때, 화장실에 가서 노래를 부르고 나면 기분이 좋아진다는 비밀을 털어놓았어요. 유미가 고개를 끄덕였어요.

"그랬구나. 장미야, 노래 한번 불러 봐."

"지금?"

"응. 네 노래 듣고 싶어."

장미는 조심조심 노래를 시작했어요. 가만히 듣고 있던 유미가 벌떡 일어나서 엉덩이를 살랑살랑 흔들며 춤을 추었어요.

두 손도 앞으로 쭉쭉 내밀었어요. 유미가 곁에서 도와주자, 장미는 더 신이 나서 목소리를 높여 노래를 불렀어요. 노래가 다 끝나자, 유미가 엄지손가락을 들어 보였어요.

"와, 잘한다. 이제부터 화장실에 꼭꼭 숨어서 부르지 말고, 당당하게 사람들 앞에서 불러."

"내가 정말 노래를 잘해?"

장미가 고개를 갸웃거리자, 유미가 말했어요.

"그렇다니까. 참, 난 속상하면 종이에다 낙서를 해. 마음속에 있는 말을 적어서, 구겨 버리고 나면 기분이 좋아지거든. 너도 해 봐."

이제 장미가 또 비밀을 말할 차례예요. 장미는 유미 얼굴을 뚫어지라 바라봤어요. 민우를 좋아하느냐고 물어보고 싶었는데, 말이 나오지 않았어요. 그래서 슬쩍 돌려서 물어보았어요.

"빨리 짝을 바꿨으면 좋겠어. 넌 어때? 짝은 맘에 들어?"

"잘 모르겠어. 나 궁금한 거 있는데 물어봐도 돼?"

"뭔데?"

"너 아직 나에게 말하지 않은 비밀 있지?"

장미는 숨이 턱 막혔어요. 유미가 민우를 좋아한다는 걸 알아챘을까 봐 걱정되었어요.

"어, 없어. 진짜야!"

장미가 고개까지 절레절레 흔들며 아니라고 하자, 유미가 이상하다는 듯 바라봤어요. 장미는 자기도 모르게 불쑥 이런 말이 튀어나왔어요.

"예뻐지고 싶어. 못생긴 내가 정말 싫어!"

"뭐야? 지난번에 영경이가 한 말을 계속 생각하고 있었던 거야? 네가 어때서? 넌 못생기지 않았어."

유미가 장미 손을 꼭 잡아 주었어요. 하지만 장미는 시무룩하게 대답했어요.

"너도 우리 엄마, 아빠랑 똑같이 말하는구나. 하긴 네가 내 마음을 어떻게 알겠니? 넌 예쁘고 공부도 잘하고 아이들에게 인기도 많은데!"

내 얼굴에서 빛이 난다고?

월요일 3교시가 되자, 선생님이 말했어요.

"오늘 3, 4교시에는 다음 달 학예회에 나갈 사람을 뽑기 위해, 장기 자랑을 할 거야. 노래를 불러도 좋고, 태권도를 하거나 춤을 추어도 좋아. 가장 자신 있는 것을 하면 돼."

아이들이 웅성거렸어요.

"난 태권도를 해야지."

"난 개그."

장미는 곰곰이 생각해 봤어요. 무엇을 해야 좋을지 얼른 생

각이 나지 않았어요. 태권도도 못 하고, 춤도 잘 추지 못하거든요. 재호처럼 아이들을 웃기는 재주도 없고요.

동철이가 먼저 손을 번쩍 들고 앞으로 나갔어요.

"전 우리나라를 대표하는 태권도 선수가 되고 싶습니다. 태극 8장 품새를 해 보겠습니다."

동철이는 기합을 붙여가며 씩씩하게 태권도를 했어요.

"와, 멋지다!"

아이들이 박수를 쳤어요. 그다음에는 재호가 앞으로 나갔어요. 재호가 개코원숭이 흉내를 내자, 아이들은 배꼽을 잡고 웃었어요. 신이 난 재호는 비실비실 아픈 강아지 소리와 엄마를 찾는 병아리 소리도 냈어요.

"와, 진짜 같다!"

"개그맨 하면 되겠다!"

재호가 어깨를 으쓱거리면서 자리로 돌아왔어요. 민우는 영어 노래를 부르고, 영경이는 발레 학원에서 배운 무용을 보여 주었어요. 두 팔을 머리 위로 올리고 빙그르르 한 바퀴 돌았지요. 예지는 계모에게 구박받는 콩쥐를 연기했어요. 눈물까지 뚝뚝 흘리는 것을 본 아이들이 소곤거렸어요.

"정말 잘한다."

"예지, 다음 달부터 드라마 찍는대."

"와, 좋겠다."

아이들 발표가 이어질수록 장미 가슴은 콩닥콩닥 뛰었어요. 차례가 돌아올까 봐 겁이 났어요. 선생님이 바라보자, 장미는 눈을 마주치지 않으려고 고개를 푹 숙였어요. 아이들을 둘러보며 선생님이 말했어요.

"3교시에 할 사람 중에 누가 남았지? 아, 장미가 아직 안 했구나."

장미는 마지못해 앞으로 나갔어요.

'어휴, 뭘 하지?'

아이들이 초롱초롱한 눈으로 장미를 바라보았어요.

"시녀는 뭘 할까?"

누군가 작은 목소리로 말했어요. 그 말을 듣자, 쥐똥만큼 남아 있던 용기마저 사라졌어요. 얼굴은 점점 더 빨개졌어요. 장미는 아무 말도 못 하고 서 있었어요. 그러다 민우와 눈이 딱 마주쳤어요. 민우가 손가락으로 V자를 만들어 보였어요. 장미는 용기를 내서 말했어요.

"노래를 부를게요."

'그래, 여기는 화장실 안이야. 나밖에 없어.'

장미는 눈을 꼭 감고 배에 힘을 주고 노래를 시작했어요. 하지만 목이 꽉 막혀서 노래가 나오지 않았어요.

"얘들아, 장미가 많이 떨리나 봐. 마음 편하게 노래할 수 있도록, 우리가 응원해 주자."

선생님 말이 끝나자, 아이들이 힘찬 박수를 보내 주었어요.

장미는 용기를 내어 다시 노래를 시작했어요. 시간이 조금 지나자, 떨리는 마음이 가라앉았어요. 장미는 더욱더 목소리를 높였어요. 노래가 끝나자마자, 아이들이 박수를 쳤어요.

"와, 진짜 잘한다!"

"최고야!"

재호는 책상까지 두드리며 소리쳤어요.

"앙코르! 앙코르!"

그때 3교시가 끝나는 종이 울렸어요. 아이들이 우르르 장미 자리로 몰려왔어요.

"장미야, 너 어느 음악 학원 다녀?"

장미가 음악 학원에 다니지 않는다고 하자, 예지는 눈을 동그랗게 떴어요.

"난 노래를 정말 잘해서 학원에 다니는 줄 알았어. 장미야, 수업 끝나고 영경이랑 떡볶이 먹으러 갈 건데, 같이 갈래?"

예지가 웃으며 말했어요. 영경이도 같이 가자고 졸랐고요.

"응, 그러자!"

그런데 유미가 보이지 않았어요.

"애들아, 잠깐만."

장미는 자리에서 일어서서 얼른 유미 자리로 갔어요. 유미는 책상에 고개를 푹 박고 있었어요.

"유미야? 왜 그래? 어디 아파?"

"아니."

장미는 얼른 유미를 교실 밖으로 데리고 나갔어요.

"장기 자랑 때문에 그래?"

유미가 말없이 고개를 끄덕였어요.

"뭘 해야 좋을지 모르겠어. 영어 노래는 민우가 했고, 동화 구연은 아름이가 했고……. 아이들이 한 걸 또 하긴 그렇잖아. 아무리 생각해도 할 게 없어."

"춤을 추는 건 어때?"

"춤?"

유미가 눈을 반짝거렸어요. 그러더니 장미를 졸랐어요.

"그럼, 네가 그때처럼 노래를 불러 줘."

"그럴까? 좋아!"

4교시가 시작되었어요. 유미가 장기 자랑을 할 차례가 되었어요. 앞으로 나간 유미가 말했어요.

"저는 춤을 잘 못 춰요. 하지만 장미가 함께 하자며 용기를 주었어요. 열심히 할 테니까, 예쁘게 봐 주세요."

유미가 장미를 보고 눈짓을 했어요. 장미는 마음을 가다듬고 노래를 시작했지요. 유미가 옆에 있어서 그런지, 아까 혼자 노래를 부를 때보다 떨리지 않았어요. 낭랑한 장미 목소리가 울려 퍼지자, 아이들은 숨을 죽였어요. 유미도 장미 노랫소리에 맞추어 엉덩이를 살랑살랑 흔들며 춤을 추었어요.

"멋지게 춤을 춘 유미와, 유미에게 용기를 준 친구, 장미에게 큰 박수를 쳐 주자!"

유미와 장미는 나란히 손을 잡고 서서 친구들에게 인사를 했어요. 선생님과 아이들 박수 소리가 교실 가득 울려 퍼졌어요. 유미가 장미에게 속삭였어요.

"장미야, 고마워!"

장미가 자리로 돌아오는데, 민우가 조그맣게 말했어요.

"잘했어! 정말 멋졌어! 아까 노래 부를 때 보니까, 얼굴에서 빛이 나더라!"

예쁘지 않아도 괜찮아!

수업이 끝나자, 선생님이 장미를 부르셨어요.

"장미야, 오늘 보니까 노래를 아주 잘하더구나. 다음 달 학예회에 네가 우리 반 대표로 나가서 노래를 부르면 어떨까?"

"제, 제가요?"

장미는 깜짝 놀라서 말까지 더듬었어요.

"응. 너라면 잘할 수 있을 것 같아. 오늘처럼만 하면 돼."

장미는 선뜻 대답할 수 없었어요. 학예회는 반에서 장기 자랑을 하는 것과는 달라요. 다른 반 친구들과 언니, 오빠들도 참

가하니까요. 학부모님들도 구경을 오시고요. 장미는 많은 사람 앞에 설 생각만 해도 가슴이 두근거렸어요.

"생각해 볼게요. 저, 그런데 선생님……."

"왜? 무슨 말이든지 편하게 해."

선생님이 장미 어깨를 토닥여 주셨어요. 장미는 용기를 내서 말을 꺼냈어요.

"저처럼 못생긴 아이도 학예회에 설 수 있나요?"

선생님이 까르르 웃었어요.

"미안해, 웃어서. 그런데 장미 얼굴은 참 슬프겠다. 주인이 자기를 못생겼다고 생각하니까, 얼마나 속상하겠어? 장미야, 이것 좀 볼래?"

선생님이 지갑에서 사진 한 장을 꺼내 보여 주셨어요. 사진 속에는 얼굴이 호빵처럼 동그란 아이가 살포시 웃고 있었어요. 눈은 작고, 코는 뭉툭하고, 머리카락은 삐쭉삐쭉 솟아 있는 아이였어요.

"예쁘지?"

장미는 차마 예쁘다는 말이 나오지 않았어요. 하지만 선생님이 실망할까 봐, 이렇게 말했어요.

"귀, 귀여운 것 같아요."

선생님이 또 까르르 웃었어요.

"호호, 내 딸이야. 사진을 보여 주면 예쁘다는 말 대신 다들 귀엽다고 해. 다른 사람들 눈에는 안 예뻐 보일지도 몰라. 하지만 내 눈에는 이 세상 누구보다 예쁘단다. 장미야, 세상에서 가장 예쁜 얼굴은 어떤 얼굴일까? 잘 생각해 보고 내일 선생님에

게 얘기해 줄래? 사진이 있으면 가져와도 좋아."

다음 날, 수업이 끝나고 장미는 선생님을 찾아갔어요. 선생님이 사진을 가져왔느냐고 물었지만, 장미는 고개를 저었어요. 어젯밤 늦게까지 생각했지만, 어떤 얼굴이 세상에서 가장 예쁜 얼굴인지 알 수가 없었거든요. 같은 반 친구 중에는 유미가 제일 예쁜 것 같았어요. 그런데 장기 자랑할 때 보니까, 예지도 예뻐 보였어요. 문득, 얼마 전에 텔레비전 드라마에 나왔던 여자 아역 배우가 떠올랐어요. 장미는 머릿속으로 유미와 예지, 아역 배우 얼굴을 나란히 놓았어요. 눈은 유미가 제일 예뻤어요. 코는 아역 배우가 가장 오뚝했고, 웃는 모습은 예지가 더 나았어요. 아무리 생각해도, 장미는 누가 가장 예쁜지 가릴 수가 없었어요.

"선생님! 세상에서 가장 예쁜 얼굴이 어떤 얼굴인지 잘 모르겠어요."

"맞아. 사람마다 생각이 달라. 그러니까 어떤 얼굴 하나를 세상에서 가장 예쁜 얼굴이라고 말하긴 어려워. 사람들이 예쁜 얼굴을 좋아하는 건, 예쁜 얼굴을 보면 기분이 좋아지기 때문이야. 그럼 예쁜 얼굴을 볼 때만 기분이 좋아질까?"

장미는 얼마 전 장기 자랑했던 때를 떠올렸어요. 노래가 끝나고 친구들이 박수를 쳐 주었을 때 정말 기분이 좋았어요. 민우가 얼굴에서 빛이 난다고 말해 주었을 때 얼마나 행복했는지 몰라요. 마치 구름을 타고 하늘을 나는 것 같았어요. 그때를 생각하자, 솜사탕을 한 움큼 입에 넣은 것처럼 달콤한 기분이 온몸으로 퍼졌어요.

"친구들이 노래를 잘한다고 칭찬해 주었을 때도 기분이 좋았어요!"

그러자 선생님이 웃으면서 말씀하셨어요.

"맞아. 예쁜 얼굴이 사람들을 기분 좋게 하는 것처럼, 친구들이 하는 칭찬도 사람들을 기분 좋게 해. 지난번 장기 자랑 때 재호 개그는 어땠어?"

"재미있었어요! 아이들 모두 좋아했어요."

"장미야, 예쁘면 좋지만, 모든 사람이 다 예쁘지는 않아. 예쁜 사람이 얼굴로 사람을 기분 좋게 해 주는 것처럼, 칭찬을 잘하는 사람은 칭찬으로, 개그를 잘하는 사람은 개그로, 노래를 잘하는 사람은 노래로, 사람들을 기분 좋게 해 줄 수 있어."

곰곰이 생각하던 장미가 말했어요.

"선생님, 저 학예회에 나갈게요."

"잘 생각했어, 장미야! 넌 잘할 수 있을 거야!"

선생님이 장미 어깨를 토닥여 주셨어요.

그날 이후, 장미는 이제 더 이상 예뻐지려고 눈 운동을 하거나, 우유로 세수하거나, 오이로 마사지하지 않았어요. 예쁘지 않아도 사람들을 기분 좋게 할 수 있다는 걸 알게 되었거든요. 그 대신, 장미는 열심히 노래 연습을 했어요. 화장실에 숨어서 혼자 노래를 부를 땐 자꾸 질금질금 눈물이 나왔는데, 요즘에는 자꾸 피식피식 웃음이 나와요. 노래를 듣고 좋아해 주는 친구들 얼굴이 떠오르면 배에 힘이 들어가고, 엄마가 꼭 안아 줄 때처럼 마음이 따스해지고 행복해져요. 그럴 때마다 장미는 속으로 이렇게 말하곤 해요.

'예쁘지 않아도 괜찮아! 친구들이 내 노래를 좋아하니까! 나는 지금 이대로의 내가 참 예뻐!'

오늘이 바로 학예회예요. 강당으로 가는데, 민우가 살짝 장미를 불렀어요.

"오늘, 잘할 수 있지?"

"응. 얼굴에서 빛이 나도록 열심히 부를게."

민우가 피식 웃었어요. 그러자 장미도 웃었어요. 그때 불쑥 재호가 끼어들었어요.

"야, 박장미. 이거 먹고 가."

재호가 손에 든 것을 앞으로 쑥 내밀었어요.

"달걀이잖아?"

"이걸 먹어야 목소리가 잘 나온대. 그러니까 얼른 먹어."

재호는 달걀을 장미 손바닥에 놓아 주고, 도망치듯 교실로 들어가 버렸어요. 장미는 살짝 고민이 되었어요.

'이제 민우와 친해지기 시작했는데, 재호도 멋지게 보이니 이걸 어쩌지?'

유미와 영경이, 예지도 손을 흔들었어요.

"장미야, 잘해! 우리가 응원할게!"

장미도 힘차게 손을 흔들었어요.

"고마워!"

부록

1 나는 겉모습에 얼마나 신경 쓸까?

2 외모 콤플렉스에서 벗어나는 주문

3 예쁜 나를 칭찬합니다!

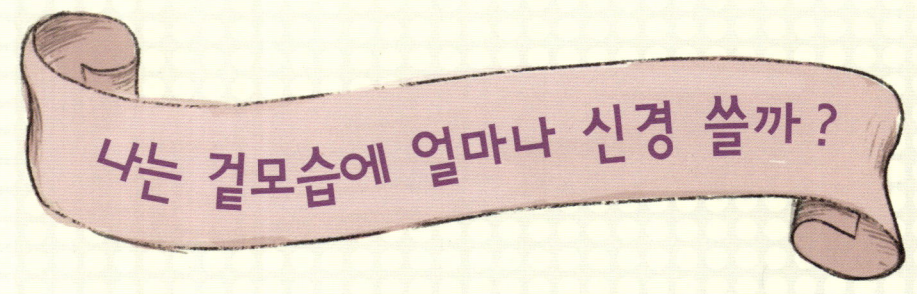

나는 겉모습에 얼마나 신경 쓸까?

나는 겉모습에 얼마나 신경 쓰는 어린이일까요? 아래 내용을 읽고, 자신에게 해당하는 내용에 V 표 해 보세요.

- 나는 지금 내 얼굴이 마음에 들지 않아요. ☐

- 친구들이 나를 못생겼다고 생각하는 것 같아서 속상해요. ☐

- 새로운 친구를 만날 때, 얼굴을 똑바로 들기보다는 고개를 숙이고 있을 때가 많아요. ☐

- 어른이 되면, 꼭 성형 수술을 하고 싶어요. ☐

- 못생겼다고 친구를 놀린 적이 있어요. ☐

- 예쁜 친구들 앞에 가면 자신감이 떨어지고 하고 싶은 말도 잘 못 해요. ☐

- 친구들에게 인기가 있으려면, 예뻐야 한다고 생각해요. ☐

진단 결과

0~2개
겉모습에 많이 신경 쓰는 편이 아니에요. 당당하게 지금 그대로의 모습으로 친구들에게 다가가세요.

3~4개
겉모습을 조금 중요하게 생각하는군요. 친구들의 마음을 사로잡는 것이 과연 예쁜 겉모습뿐일지 다시 한 번 잘 생각해 보세요.

5~7개
겉모습을 중요시하는 편이에요. 자신의 겉모습에 대해 이런저런 불만을 늘어놓기보다는 자신만의 장점을 찾도록 노력해 보세요.

외모 콤플렉스에서 벗어나는 주문

외모 때문에 속상하다고요? 걱정하지 마세요.
외모 콤플렉스에서 벗어날 수 있는 특별한 비법을 알려 줄 테니까요.

겉모습이 전부가 아니라는 것을 잊지 마세요.

'나'를 나타낼 수 있는 것이 겉모습만은 아니에요. 겉모습이 중요한 부분을 차지하는 것은 사실이지만, 그것보다 사람들의 마음을 사로잡는 것은 바른 행동과 예쁜 말이거든요.

자신의 타고난 모습 그대로를 받아들이세요.

사람은 누구나 생김새나 성격이 달라요. 그러니까 '나는 왜 이렇게 생겼지?'라면서 다른 친구들과 나의 겉모습을 비교하지 마세요. 남과 비교하다 보면, 자꾸 자신감이 없어지고 자신을 부끄럽게 생각하게 되거든요.

자신의 외모에서 가장 자신 있는 부분을 찾아보세요.

찬찬히 잘 살펴보면 내게도 분명히 예쁘고 멋진 부분이 있을 거예요. 그걸 알게 되면 자신감도 생길 거예요.

"나는 참 예쁘다!"라고 날마다 외쳐 보세요.

긍정적인 마음을 갖는 것이 무엇보다 중요해요. 못생겼다고 속상해하지 말고, 아침마다 거울을 보고 큰 소리로 "나는 참 예쁘다!"라고 외쳐 보세요. 그렇게 반복하다 보면, 마음이 편안해지고 행복해질 거예요. 그러면 내 얼굴을 보는 사람들도 같이 기분이 좋아지고 행복해질 거예요.

거울을 보고 자주 웃으세요.

어떤 얼굴이 예쁜 얼굴일까요? 사람마다 예쁘다고 생각하는 기준은 다 달라요. 하지만 웃는 얼굴은 예쁜 표정을 만들어 줘요. 사람들에게 좋은 느낌을 주고, 사람들을 예뻐 보이게 하지요. 거울을 보고 예쁘게 웃는 모습을 연구해 보세요.

내가 잘하는 것, 나의 장점을 찾아서 적어 보세요.

자신의 겉모습이 마음에 들지 않는 진짜 이유는 겉모습이 못생겼기 때문이 아니라, 자신감이 부족하기 때문이래요. 그러니까 남보다 잘하는 것, 자신의 장점을 적극적으로 찾아보세요. 남과 다른 나의 매력이 무엇인지 알고 나면, 자신감도 쑥쑥 자랄 거예요.

"나는 나를 사랑해!"라고 외치세요.

그동안 혹시 예쁜 얼굴, 멋진 몸매만 최고라고 생각하지 않았나요? 잘 생각해 보세요. 세상 모든 사람은 모두 다 생김새가 달라요. 내 눈, 내 코, 내 입은, 이 세상에 딱 하나밖에 없는 소중한 것이죠. 그러니까 이제 당당하게 외쳐 보세요. "세상에서 하나밖에 없는 나, 난 나를 사랑해!"

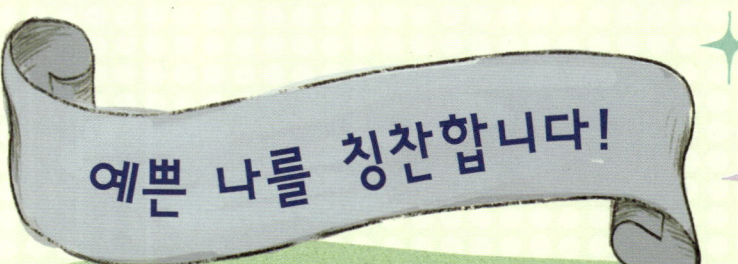

예쁜 나를 칭찬합니다!

겉모습에만 자꾸 집착하다 보면, 자신의 진짜 아름다움이 무엇인지 놓쳐 버릴 수도 있어요. 나만의 아름다움이 무엇인지 찾아서 맘껏 칭찬해 주세요. 자신을 있는 그대로 사랑할 줄 알아야 진짜 행복해지지 않을까요?

20XX년 11월 15일 금요일

제목: 잘 웃는 나를 칭찬합니다!

나는 작은 일에도 잘 웃습니다.

친구랑 싸우고 난 뒤에도 금방 풀어져서 깔깔 웃고,

엄마에게 혼이 나도 조금 지나면 배시시 웃습니다.

친구들은 내가 웃는 걸 보면, 기분이 좋아진다고 합니다.

난 잘 웃는 내가 정말 좋습니다!

· 나의 칭찬 일기 ·

| 년 월 일 요일 | ☀ ⛅ 🌧 ☂ ☀☁ |

제목:

국립중앙도서관 출판시도서목록(CIP)

나는 내가 참 예뻐 : 자신을 사랑하는 방법을 알려주는 책
글: 박혜숙 ; 그림: 윤희동. — 고양 : 위즈덤하우스, 2013
p. ;   cm. — (좋은습관 길러주는 생활동화 ; 19)

ISBN 978-89-6247-395-7 74810 : ₩8500
ISBN 978-89-92010-33-7(세트) 74810

동화[이야기][童話]
813.8-KDC5   CIP2013020324

자신을 사랑하는 방법을 알려주는 책
나는 내가 참 예뻐

초판 1쇄 발행 2013년 11월 10일   초판 3쇄 발행 2014년 9월 30일

글 박혜숙   그림 윤희동
펴낸이 연준혁   스콜라 부문대표 황현숙

출판 5분사   분사장 배재성   1부서 편집장 윤지현
책임편집 김숙영   디자인 오세라
제작 이재승

펴낸곳 (주)위즈덤하우스   출판등록 2000년 5월 23일 제13-1071호
주소 경기도 고양시 일산동구 정발산로 43-20 센트럴프라자 6층
전화 (031)936-4000   팩스 (031)903-3891
전자우편 scola@wisdomhouse.co.k   홈페이지 www.wisdomhouse.co.kr
종이 월드페이퍼   인쇄 (주)현문   제본 신안제책

ⓒ박혜숙, 2013
ISBN 978-89-6247-395-7 74810
ISBN 978-89-92010-33-7(세트)

이 책은 저작권법에 따라 보호받는 저작물이므로 무단전재와 무단복제를 금지하며,
이 책 내용의 전부 또는 일부를 이용하려면 반드시 저작권자와 (주)위즈덤하우스의 동의를 받아야 합니다.
＊잘못된 책은 바꿔 드립니다.   ＊책값은 뒤표지에 있습니다.

스콜라는 (주)위즈덤하우스의 아동·청소년 브랜드입니다.